# ¿POR QUÉ SON IMPORTANTES LAS ELECCIONES?

Jacqueline Laks Gorman

Consultora de lectura: Susan Nations, M.Ed.,
autora/tutora de lectoescritura/consultora

## WEEKLY READER®
PUBLISHING

**Please visit our web site at www.garethstevens.com**
**For a free color catalog describing our list of high-quality books,**
**call 1-800-542-2595 (USA) or 1-800-387-3178 (Canada). Our fax: 1-877-542-2596**

**Library of Congress Cataloging-in-Publication Data**

Gorman, Jacqueline Laks, 1955–
    [Why are elections important? Spanish]
    Por qué son importantes las elecciones? / Jacqueline Laks Gorman; Spanish translation: Tatiana
Acosta and Guillermo Gutierrez.
      p. cm. — (Conoce tu gobierno)
    ISBN-10: 0-8368-8852-9 (lib. bdg.)
    ISBN-13: 978-0-8368-8852-2 (lib. bdg.)
    ISBN-10: 0-8368-8857-X (softcover)
    ISBN-13: 978-0-8368-8857-7 (softcover)
    1. Elections—United States—Juvenile literature.
  2. Voting—United States—Juvenile literature. I. Title.
JK1978.G6718   2008
324.60973—dc22           2007042517

This edition first published in 2008 by
**Weekly Reader® Books**
An Imprint of Gareth Stevens Publishing
1 Reader's Digest Road
Pleasantville, NY 10570-7000 USA

Copyright © 2008 by Gareth Stevens, Inc.

Senior Editor: Brian Fitzgerald
Creative Director: Lisa Donovan
Senior Designer: Keith Plechaty
Layout: Cynthia Malaran
Photo Research: Charlene Pinckney and Kimberly Babbitt
Spanish translation: Tatiana Acosta and Guillermo Gutiérrez

Photo credits: cover & title page © Tom Grill/Corbis; p. 5 The Granger Collection; p. 7 Frank Wiese/AP;
p. 8 Mark Humphrey/AP; pp. 10, 11, 13 © Bettmann/Corbis; p. 14 Courtesy Office of the Governor, State
of Alaska; p. 15 Chip East/Reuters/Corbis; p. 16 Margo Cohn Pactanac/AP; p. 18 Randy Snyder/AP;
p. 19 Courtesy Ronald Reagan Presidential Library; p. 20 Joe Raedle/Getty Images; p. 21 © Steven
Clevenger/Corbis

Printed in the United States of America

1 2 3 4 5 6 7 8 9 10 09 08 07

# CONTENIDO

Capítulo 1: Gobierno del pueblo.............................4

Capítulo 2: Un derecho importante.......................6

Capítulo 3: ¿Quién puede votar? .........................9

Capítulo 4: ¿A qué líderes elegimos? ..................12

Capítulo 5: ¿Cuándo hay elecciones? .................17

Glosario ..............................................................22

Más información.................................................23

Índice.................................................................24

Las palabras del glosario se imprimen en letra **negrita** la primera vez que aparecen en el texto.

# CAPÍTULO 1

# Gobierno del pueblo

En el siglo XVIII, la nación de Gran Bretaña gobernaba lo que hoy es Estados Unidos. Los americanos no podían **elegir**, o escoger, a sus propios líderes. El pueblo no participaba en la creación de las leyes. Los americanos decidieron declarar una guerra para obtener la libertad. Derrotaron al ejército británico y formaron Estados Unidos.

Los líderes de Estados Unidos formaron una **democracia**. Una democracia es un gobierno administrado por los **ciudadanos**, que participan en **elecciones** para elegir a sus líderes. Además, votan para dar su opinión sobre cuestiones que son importantes para ellos. El voto permite que los ciudadanos participen en las decisiones sobre el gobierno del país.

Los votantes eligieron a George Washington como primer Presidente de Estados Unidos. Washington juró su cargo el 30 de abril de 1789.

# CAPÍTULO 2

# Un derecho importante

Es posible que seas miembro de un club o grupo en la escuela. Para tomar decisiones, los miembros del grupo tienen que colaborar. Todos los miembros deciden juntos cuáles son las reglas del grupo y escogen a sus líderes. Estas decisiones suelen tomarse por votación. Votar es una manera de tomar decisiones en grupo.

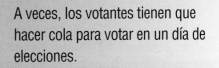

A veces, los votantes tienen que hacer cola para votar en un día de elecciones.

El voto es uno de los derechos más importantes de los estadounidenses. Por medio del voto, los ciudadanos participan en el gobierno y demuestran que se preocupan por su comunidad. El voto les permite dar su opinión sobre los asuntos de su ciudad, de su estado y de la nación.

Antes del día de las elecciones, los votantes ven muchos carteles de las personas que se presentan.

Los estadounidenses votan por los líderes que, en su opinión, pueden hacer mejor las cosas. También votan sobre cuestiones de importancia para su estado o su ciudad. Por ejemplo, pueden decidir cuándo construir nuevas carreteras o escuelas.

# CAPÍTULO 3

# ¿Quién puede votar?

Cuando se formó Estados Unidos, mucha gente no podía votar. Casi todos los votantes eran hombres blancos propietarios de tierras. Las mujeres, los indígenas americanos y la mayor parte de los afroamericanos no podían votar. Quienes no eran propietarios de tierras no tenían derecho al voto.

Con el paso de los años, se aprobaron nuevas leyes que permitían el voto a otras personas. En 1870, todos los hombres afroamericanos obtuvieron el derecho al voto. En 1920, también las mujeres lograron ese derecho. Cuatro años más tarde, los indígenas americanos obtuvieron el derecho al voto.

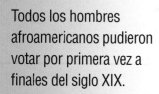

Todos los hombres afroamericanos pudieron votar por primera vez a finales del siglo XIX.

En 1972, los jóvenes menores de veintiún años participaron por primera vez en unas elecciones presidenciales.

Hasta 1971, los votantes debían haber cumplido los ventiún años de edad.  Hoy, casi todos los ciudadanos estadounidenses que han cumplido los dieciocho años pueden votar.  En la mayor parte de los estados, la gente tiene que registrarse, o anotarse, para votar.

# CAPÍTULO 4

# ¿A qué líderes elegimos?

Los votantes eligen a los líderes de la nación, de su estado y de su ciudad. Todos los votantes de Estados Unidos pueden elegir al Presidente y al Vicepresidente. El Presidente y el Vicepresidente se presentan como equipo, y trabajan en Washington, D.C. Los votantes eligen también a otros líderes que trabajan en esa ciudad.

Los votantes eligen a las personas que los representan en el Congreso. El Congreso es la parte del gobierno que se encarga de hacer las leyes. Las dos partes del Congreso son el Senado y la Cámara de Representantes.

Hay 100 **senadores**. Cada uno de los cincuenta estados elige a dos senadores. Hay 435 miembros de la Cámara de Representantes. Los estados que tienen más habitantes eligen a más **representantes**.

En 1968, Shirley Chisholm, de Nueva York, se convirtió en la primera mujer afroamericana elegida para el Congreso.

La gobernadora de Alaska, Sarah Palin, se reúne con unos estudiantes en la ciudad de Fairbanks. La señora Palin es la primera mujer elegida para el cargo de gobernador de Alaska.

Los habitantes de cada estado eligen un **gobernador**. El gobernador es el líder del gobierno del estado. En cada estado, los votantes eligen también a los miembros de la **asamblea legislativa** estatal, que se encargan de hacer las leyes del estado.

La mayoría de los estados se dividen en áreas más pequeñas llamadas **condados**. Los votantes de cada condado eligen a los líderes que tienen funciones importantes en el condado.

En muchos pueblos y ciudades, los votantes eligen a un **alcalde**. Los votantes eligen también un **concejo**. El concejo hace las leyes del pueblo o la ciudad.

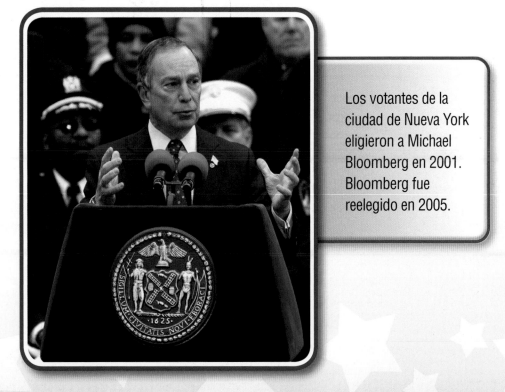

Los votantes de la ciudad de Nueva York eligieron a Michael Bloomberg en 2001. Bloomberg fue reelegido en 2005.

Los jueces son los responsables de los tribunales.
El Presidente elige a los jueces del Tribunal Supremo.
El Tribunal Supremo es el máximo tribunal de la nación.
El Presidente elige también a otros jueces importantes.
En la mayoría de los estados, los votantes eligen a los
jueces de los tribunales estatales y municipales.

Una jueza estatal (izquierda) jura su cargo
después de ganar unas elecciones. Los
jueces prometen tratar con imparcialidad a
todos en los tribunales.

# CAPÍTULO 5

# ¿Cuándo hay elecciones?

Las elecciones suelen celebrarse el primer martes de noviembre. En los años pares (como 2008 y 2010), los votantes eligen a los líderes de toda la nación. Cada cuatro años eligen al Presidente y Vicepresidente. Los senadores tienen que presentarse a las elecciones cada seis años. Los miembros de la Cámara de Representantes se presentan cada dos años.

Las personas que se presentan a las elecciones locales suelen ir de puerta en puerta saludando a los votantes en sus hogares.

El día de las elecciones, la gente también vota para elegir a los líderes estatales y locales. En la mayoría de los estados, los votantes eligen a un gobernador cada cuatro años. Otros líderes estatales y locales son elegidos en diferentes años en cada estado. Los votantes también pueden decidir con su voto cuestiones importantes de su estado o comunidad local.

Antes de votar, los ciudadanos conocen a los **candidatos**, o personas que se presentan a la elección. Los votantes pueden leer información sobre los candidatos y verlos en televisión. Los votantes eligen a los candidatos que piensan como ellos en cuestiones de importancia.

En 1984, más de 65 millones de personas vieron el debate televisado entre el Presidente Ronald Reagan (derecha) y Walter Mondale.

El día las elecciones, la gente usa unas máquinas especiales para votar. El voto es secreto.

El día de las elecciones, los votantes acuden a escuelas, iglesias y otros lugares para votar. Todos los candidatos aparecen en una **papeleta de votación**. Los votantes eligen a los candidatos que prefieren.

Al final del día, se cuentan todos los votos. Después, se nombra a los ganadores.

El voto proporciona a los ciudadanos una oportunidad de contribuir a mejorar su comunidad.

Votar es importante, pero no todos deciden hacerlo. Sólo unas seis de cada diez personas votan en las elecciones presidenciales. Aún menos personas votan en las elecciones locales. Todos deberían votar para dar su opinión sobre cómo se gobierna el país. Cada voto es importante. ¡Todos los votos cuentan!

# Glosario

**alcalde:** líder del gobierno de una ciudad o pueblo

**asamblea legislativa:** parte del gobierno encargada de hacer las leyes

**candidato:** persona que se presenta a una elección

**ciudadano:** persona que tiene ciertos derechos en un país, como el derecho al voto

**concejo:** grupo de personas elegidas para tomar decisiones en una ciudad o pueblo

**condado:** parte de un estado que tiene su propio gobierno local

**democracia:** sistema de gobierno en el que los ciudadanos votan para elegir a sus líderes

**elección:** momento en que los ciudadanos votan para elegir a sus líderes

**elegir:** escoger un líder por medio de una votación

**gobernador:** jefe del gobierno de un estado

**papeleta de votación:** lista de las personas que se presentan a una elección

**representante:** miembro de la Cámara de Representantes, una de las dos partes que forman el Congreso

**senador:** miembro del Senado, una de las dos partes que forman el Congreso

# Más información

## Páginas Web
### En la cabina de votación
*pbskids.org/democracy/vote*
Esta página te permite saber cómo se vota y por qué el voto es importante.

### Proceso electoral
*bensguide.gpo.gov/3-5/election/index.html*
Esta página explica cómo se elige a los líderes nacionales.

**Nota de la editorial a los padres y educadores:** Nuestros editores han revisado con cuidado las páginas Web para asegurarse de que son apropiadas para niños. Sin embargo, muchas páginas Web cambian con frecuencia, y no podemos garantizar que sus contenidos futuros sigan conservando nuestros elevados estándares de calidad y de interés educativo. Tengan en cuenta que los niños deben ser supervisados atentamente siempre que accedan a Internet.

# Índice

afroamericanos  9, 10, 13
alcaldes  15
asamblea legislativa  14
Bloomberg, Michael  15
Cámara de Representantes  13, 17
candidatos  19, 20
concejos  15
condados  15
Congreso  13, 17
Chisholm, Shirley  13
democracia  5
día de elecciones  7, 17, 18, 20
gobernadores  14, 18
Gran Bretaña  4

indígenas americanos  9, 10
jueces  16
Mondale, Walter  19
mujeres  9, 10
Palin, Sarah  14
papeletas de votación  19
Presidente  12, 16, 17
Reagan, Ronald  19
Senado  13, 17
Tribunal Supremo  16
Vicepresidente  12, 17
Washington, George  5

## Información sobre la autora

Jacqueline Laks Gorman creció en la ciudad de Nueva York. Estudió en Barnard College y en la Universidad de Columbia, donde recibió una maestría en historia de Estados Unidos. Jacqueline ha trabajado en muchos tipos de libros y ha escrito varias colecciones para niños y jóvenes. Vive en DeKalb, Illinois, con su esposo David y sus hijos, Colin y Caitlin. Se registró para votar cuando cumplió dieciocho años y desde entonces participa en todas las elecciones.